Tobi

Arbeitsheft

zum Sachlexikon

Erarbeitet von:

Katharina Michel

Lars Römer

Unter Beratung von:

Inge Fuchs

Karl Heinz Schäfer

Cornelsen

Inhalt

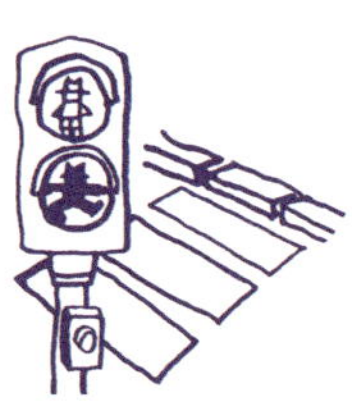

Was diese Zeichen bedeuten:

- Malen, schreiben oder ankreuzen
- Ausschneiden und aufkleben
- Etwas tun und besprechen

Leben in der Wiese

Schneide die Tiere von Seite 45 aus und klebe sie ein.

Male die Pflanzen in den richtigen Farben an.

Auf Seite 43 findest du ein Löwenzahn-Spiel.

Mein Waldbild

Suche dir einen ruhigen Platz und male den Wald.

Hinein in den Wald

hier falten

Waldspiele

Hörst du, von wo sich Kinder nähern, bevor sie dich berühren?

Beschreibe, was du mit deinen nackten Füßen gefühlt hast.

hier falten

Eine Baumkartei erstellen

Unterwegs im Wald

Was du zur Erkundung mitnehmen kannst

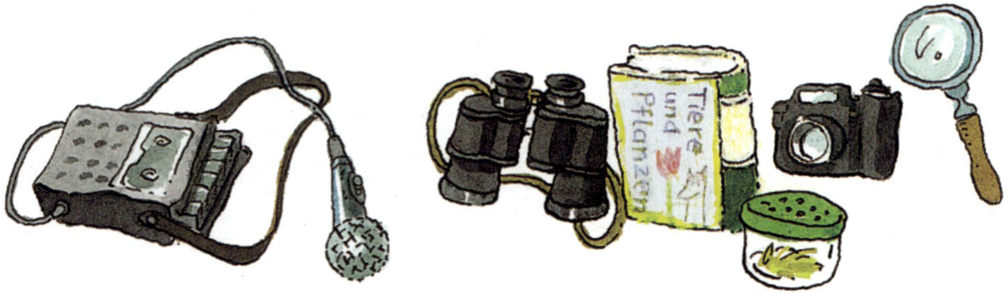

Sammle Waldschätze, die du mitnehmen kannst.
Lege einen besonders schönen Schatz
in eine Schachtel.
Beschreibe ihn und lasse andere Kinder raten.

hier falten

Blätterbilder

Tipp: Blätter halten sich besser,
wenn sie gepresst sind.

Schreibe und male zu Waldtieren Steckbriefe.

Der Fuchs

Der Rotfuchs ist ein Waldtier.
Er hat ein rotbraunes Fell.
Ohren und Füße sind schwarz.
Brust und Schwanzspitze bleiben weiß.

Male den Fuchs richtig aus.

Was frisst der Fuchs?
Male es aus.

Wusstest du eigentlich, dass Jungfüchse bei ihrer Geburt blind sind?

Lösung: Maus, Früchte, Regenwurm, Vogel, Kaninchen, Insekten

Sehen

Sehtest

Was kannst du auf der Augentafel erkennen?

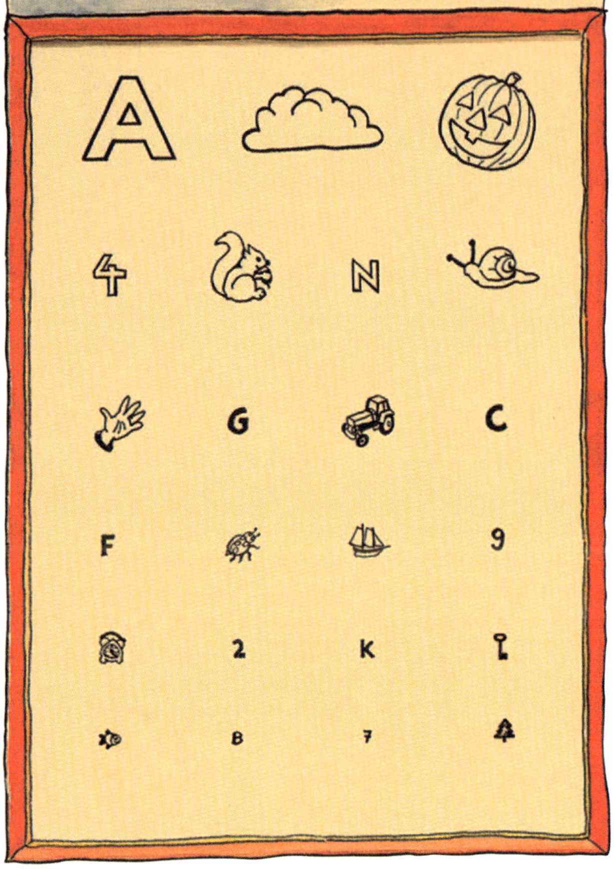

Geradeaus schauen

Zeige auf einen Punkt im Klassenraum.
Halte das rechte Auge zu.
Zeigt dein Finger immer noch auf denselben Punkt?
Nun halte das linke Auge zu.

Farbversteck

Was erkennst du?

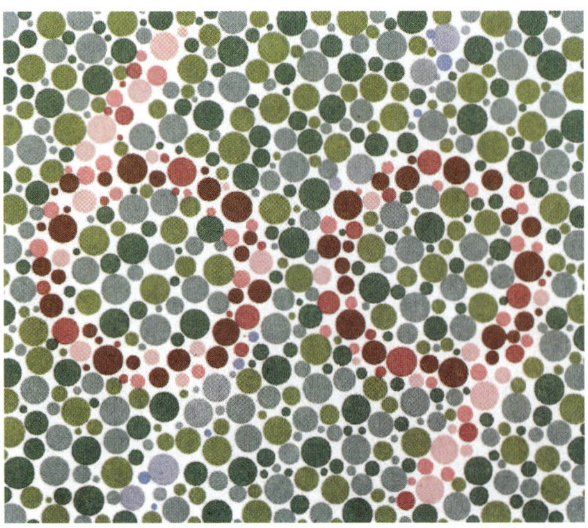

Anschauen und messen

Wer hat das breitere Maul?

- ☐ der Hund
- ☐ die Katze
- ☐ beide sind gleich breit

Hören

Hörtest

Hör-Spiel 1

Füllt immer zwei leere Filmdosen gleich (zum Beispiel mit Mehl, Wasser, Nudeln, Erbsen). Klebt Farbpunkte zur Kontrolle darunter.

Hör-Spiel 2

Ein Schiff sucht bei Nebel den Weg in den Hafen.

Wusstest du eigentlich, dass Fledermäuse ihren Weg mit Hilfe der Ohren finden?

Schmecken und Riechen

Obst und Gemüse mit verbundenen Augen schmecken

Ich habe ______________________________
am Geschmack erkannt.

Klebe Dinge auf, die man gut riechen kann.
Kräuter und Gewürze eignen sich.

Mein Duftbild

Fühlen

Fühlsack

Beschreibe, was du fühlst.
Nenne dabei nicht den Namen des Gegenstands.
Andere Kinder sollen raten, was du ertastest.

Fühltest

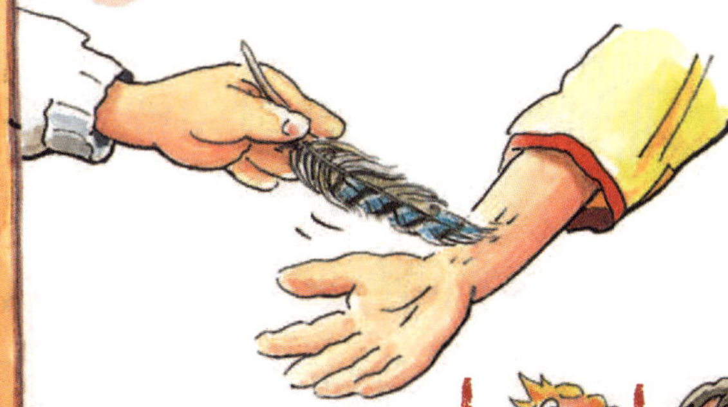

Zungen-Zähler

Wie viele Rosinen hast du im Mund?
Zähle sie mit der Zunge.

Wusstest du eigentlich, dass Eichhörnchen Tasthaare an der Nase haben, um Hindernissen besser ausweichen zu können?

Durch das Jahr

Klebe die
Bilder von Seite 45
in die passenden Monatsfelder.

Wusstest du eigentlich, dass zum Sommeranfang, am 21. Juni, der Tag am längsten ist und die Nacht am kürzesten?

Ein Tag vergeht

Morgen

N

V

A

M

Nachmittag

Ergänze die Tageszeiten.
Kreise die Uhren in den Bildern ein.

Abend | Nacht | Vormittag | Mittag

Auf Seite 44 findest du einen Spielplan.

Eine Sanduhr bauen

Du brauchst:

- feinen Sand 
- Trichter 
- Handbohrer 
- zwei gleich große Flaschen aus Plastik 
- Klebeband 
- Stoppuhr 

Bauanleitung:

1. Fülle eine Flasche zur Hälfte mit Sand.
2. Klebe die beiden Deckel mit Klebeband aneinander.
3. Bohre ein Loch durch den „Doppel-Deckel“.
4. Schraube ihn auf die gefüllte Flasche.
5. Schraube die leere Flasche auf.

Wie lange braucht der Sand um einmal durchzulaufen?

☐ Minuten ☐ Sekunden

Lasse den Sand einmal durchlaufen.
Was kannst du in dieser Zeit tun?

☐ -mal hüpfen,

☐ -mal ______________________

Ich brauche Wasser

Wozu benötigst du täglich Wasser?
Wozu benötigst du manchmal Wasser?
Umrande die Tropfen in den passenden Farben.

Wasserzauber

Seerose aus Papier

1. Pause die Vorlage ab.
2. Male in die Mitte ein Wasserbild.
3. Schneide deine Seerose an der Linie —— aus.
4. Falte die Spitzen an dieser Linie ------.
5. Lege deine Seerose aufs Wasser.
6. Beobachte, was passiert. Male das Ergebnis auf.

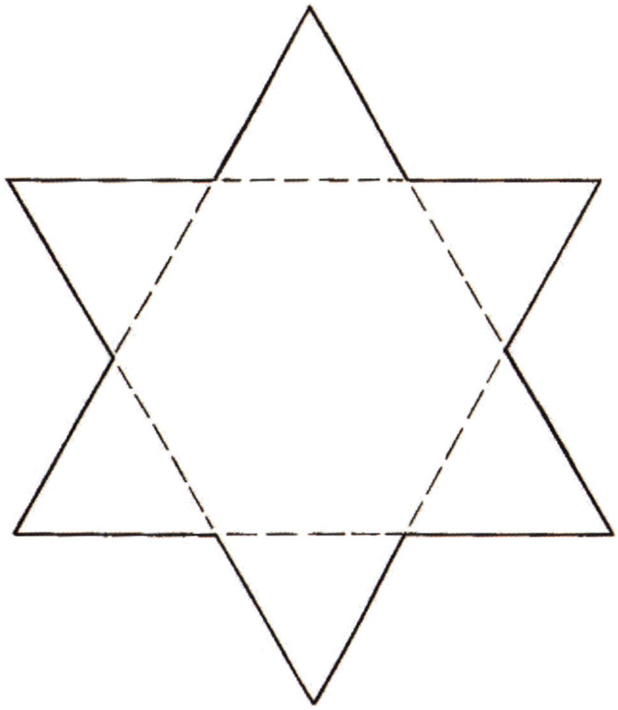

Das Ei im Glas

Was passiert mit dem Ei in Glas 1?
Was passiert mit dem Ei in Glas 2?
Male in die Gläser, was du beobachtet hast.

Der Biber

Biber haben scharfe Zähne, einen breiten Schwanz, ein braunes Fell, Vorderpfoten mit scharfen Krallen und Hinterpfoten mit Schwimmhäuten.

Schreibe an die richtige Stelle:
Schwanz Zähne Fell Vorderpfote Hinterpfote.

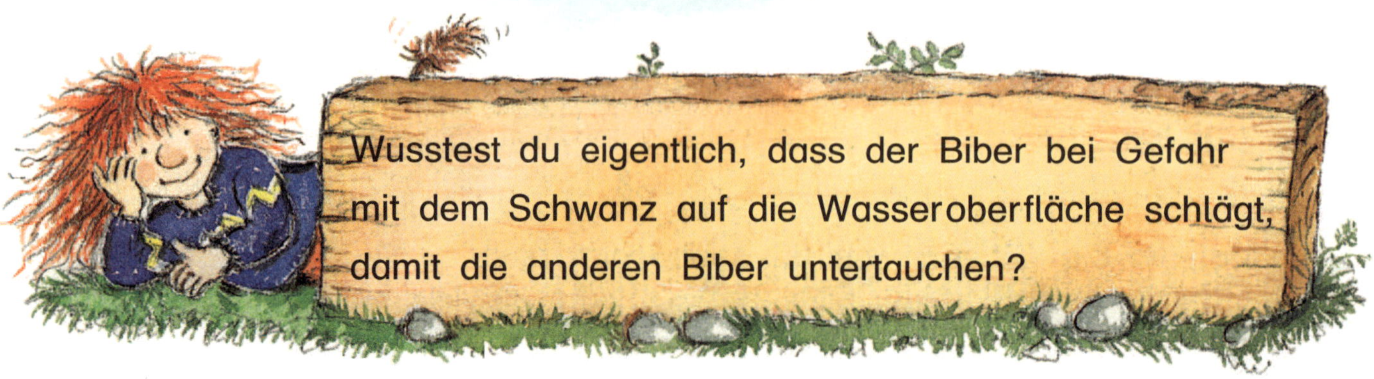

Wusstest du eigentlich, dass der Biber bei Gefahr mit dem Schwanz auf die Wasseroberfläche schlägt, damit die anderen Biber untertauchen?

Der Biber ist ein Pflanzenfresser.
Schneide die Bilder von Seite 47 aus und klebe sie auf.
Achtung, nicht alle Bilder stimmen!

Welche Füße eignen sich zum Schwimmen?

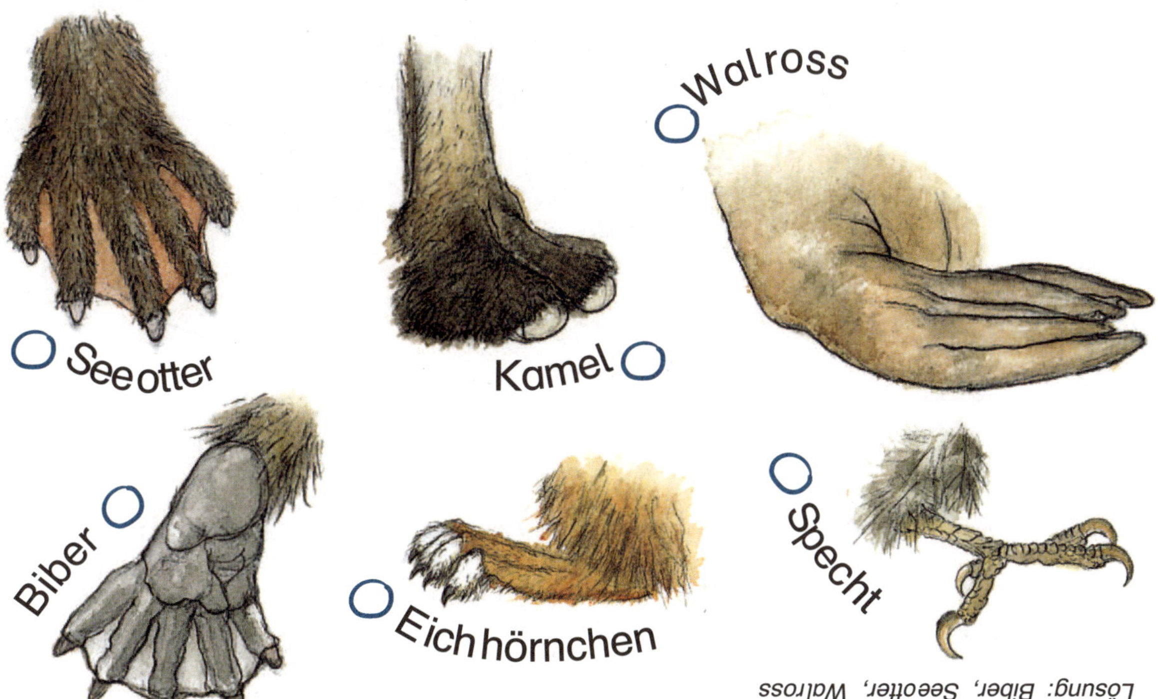

Lösung: Biber, Seeotter, Walross

Unser Körper

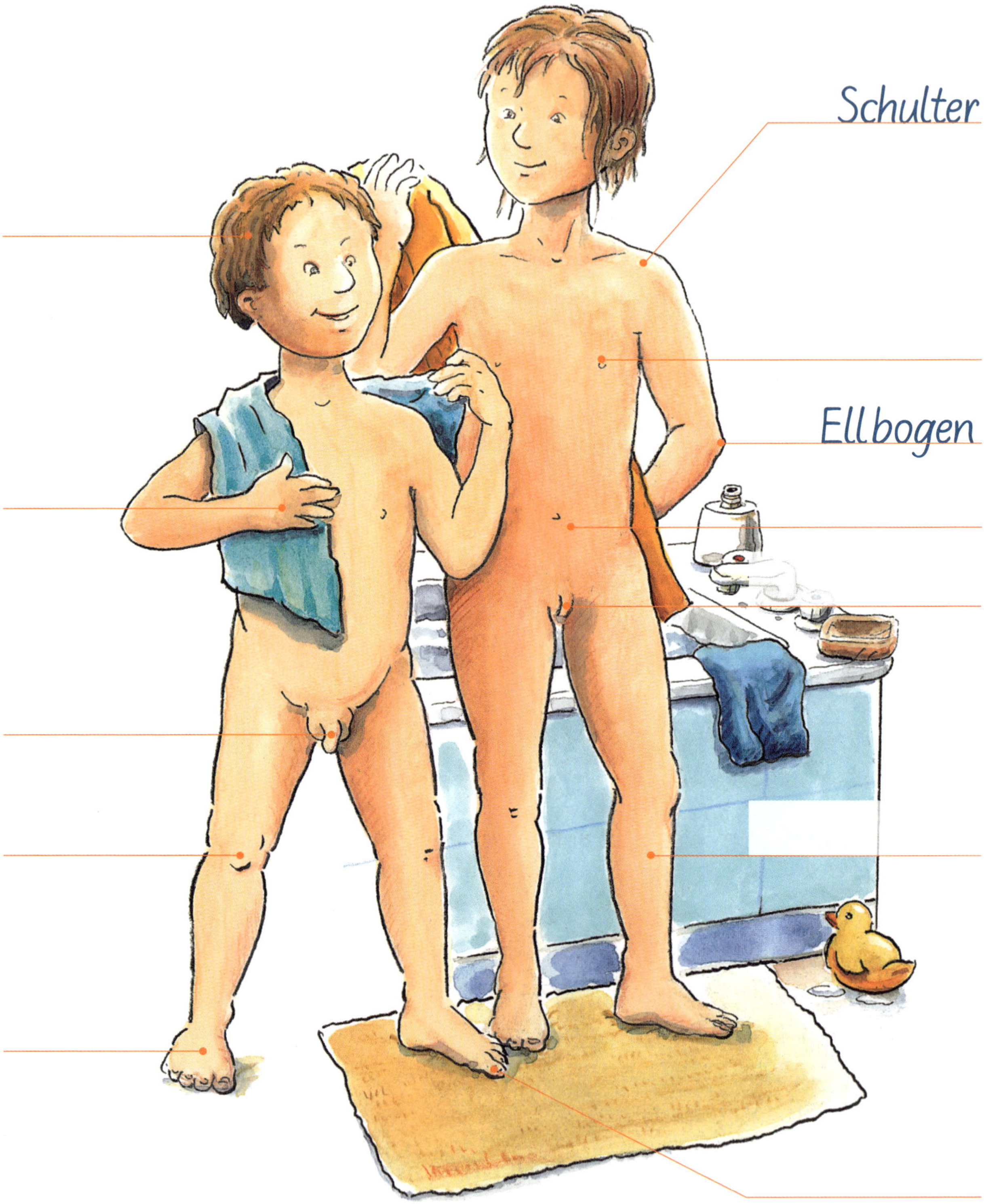

Schreibe die Namen der Körperteile an die richtigen Stellen.

Fuß · Penis · Kopf · Bein · Bauch

Scheide · Zehe · Knie · Brust · Hand

Körperpflege

In jedem Bild fehlt etwas!
Male die passenden Dinge in die Bilder.
Du kannst sie auch mit Linien zuordnen.

Zähne

Male die Zähne in der unteren Zahnreihe richtig an.

Eckzahn
Backenzahn
Schneidezahn

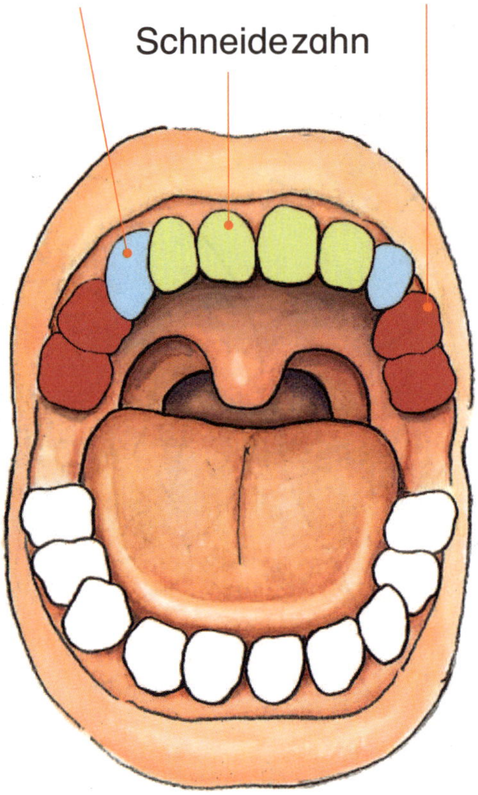

Hast du noch alle Milchzähne?

Male die Zähne an, die du bei dir siehst.

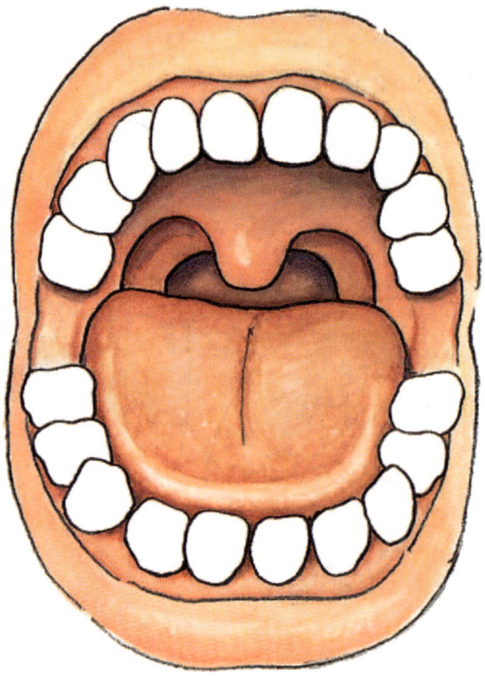

Wenn kein Zahn fehlt, hat ein Milchgebiss ☐ Zähne.

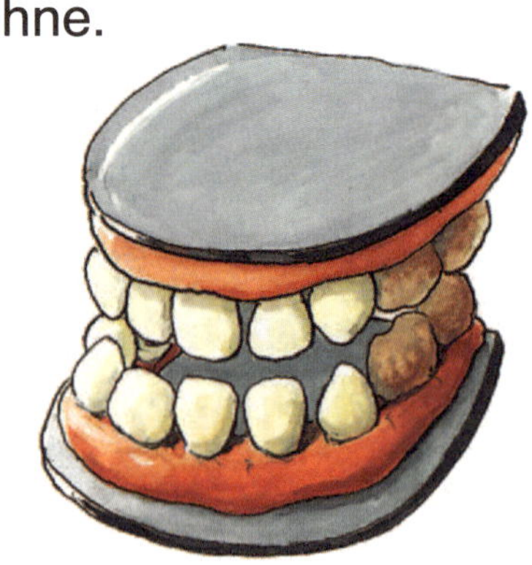

Ein Gebiss basteln

Du brauchst:

- zwei schwarze Pappen 
- rote Knete 
- 8 Mandeln als Schneidezähne 
- 4 Mandeln als Eckzähne 
- 8 Haselnüsse als Backenzähne 

Obst und Gemüse

Dieses Monster liebt Obst und Gemüse. Male es aus.
Oder schneide Reklame-Bilder aus und klebe sie ein.

Wie viele Obstarten und Gemüsearten hast du gefunden?

☐ Obstarten ☐ Gemüsearten

Im Straßenverkehr

Verkehrszählung

𝍸 𝍸 II | 12

In unserer Klasse	Anzahl der Kinder	
fahren 		
fahren 		
fahren 		
fahren häufig 		
fahren häufig 		
gehen 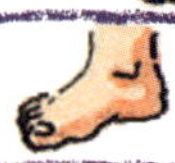		

Regeln im Verkehr

Erzählt euch gegenseitig, wie sich die einzelnen Personen im Straßenverkehr verhalten.

Verkehrszeichen-Spiel

Verkehrszeichen stehen viele da,
sie helfen mir, das ist doch klar!

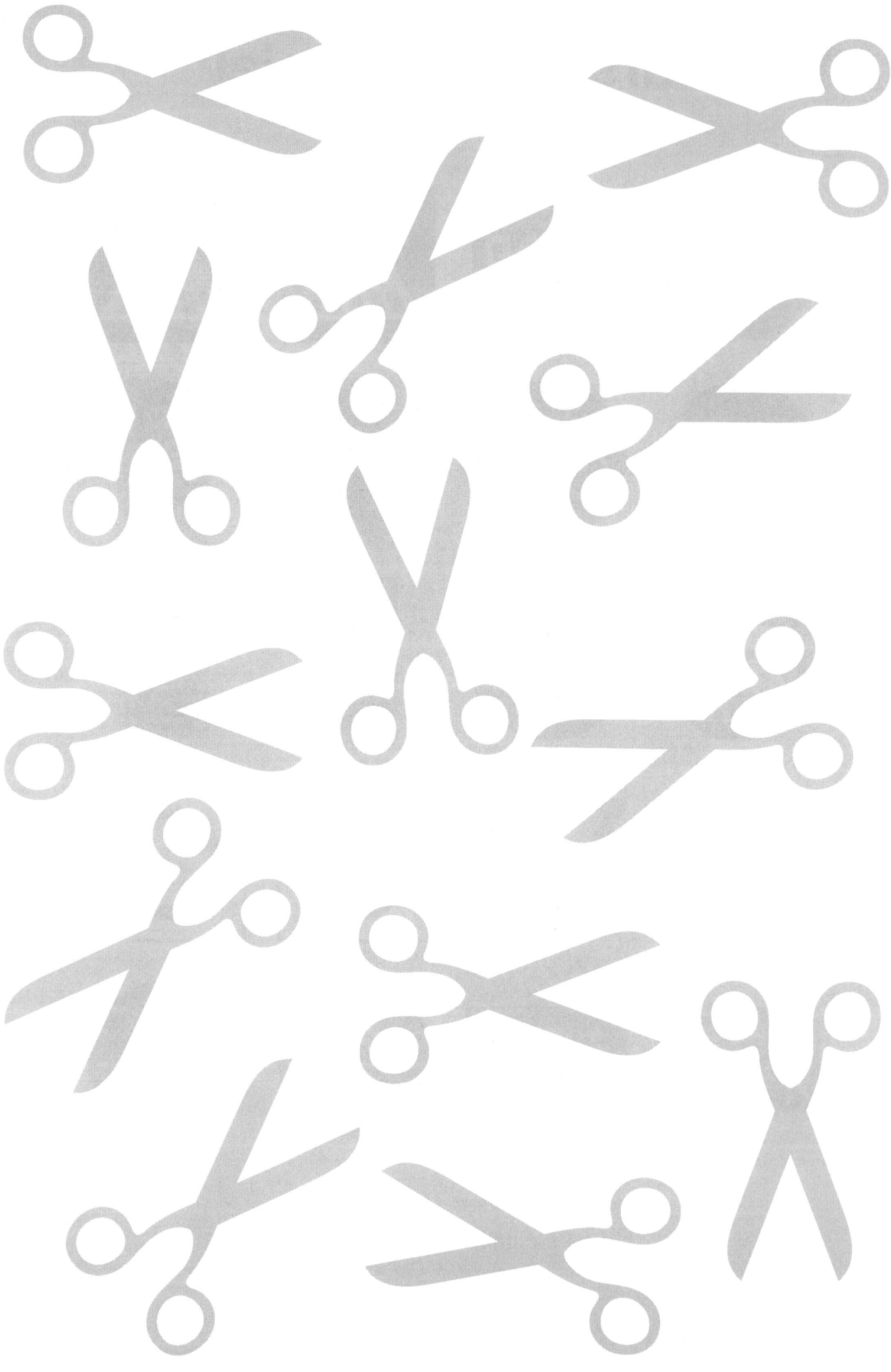

Sicherheit im Verkehr

Wenn es draußen dunkel ist ...

Male die Kleidung mit hellen, leuchtenden Farben aus.

Male die Kleidung mit dunklen Farben aus.

Was hat Tino vergessen? Male es dazu.

Wer geht wohin? Male in der richtigen Farbe aus.

Der Frühling ist da

Du kannst ihn draußen sehen.
Du kannst ihn draußen hören.
Du kannst ihn draußen riechen.
Du kannst ihn draußen fühlen.

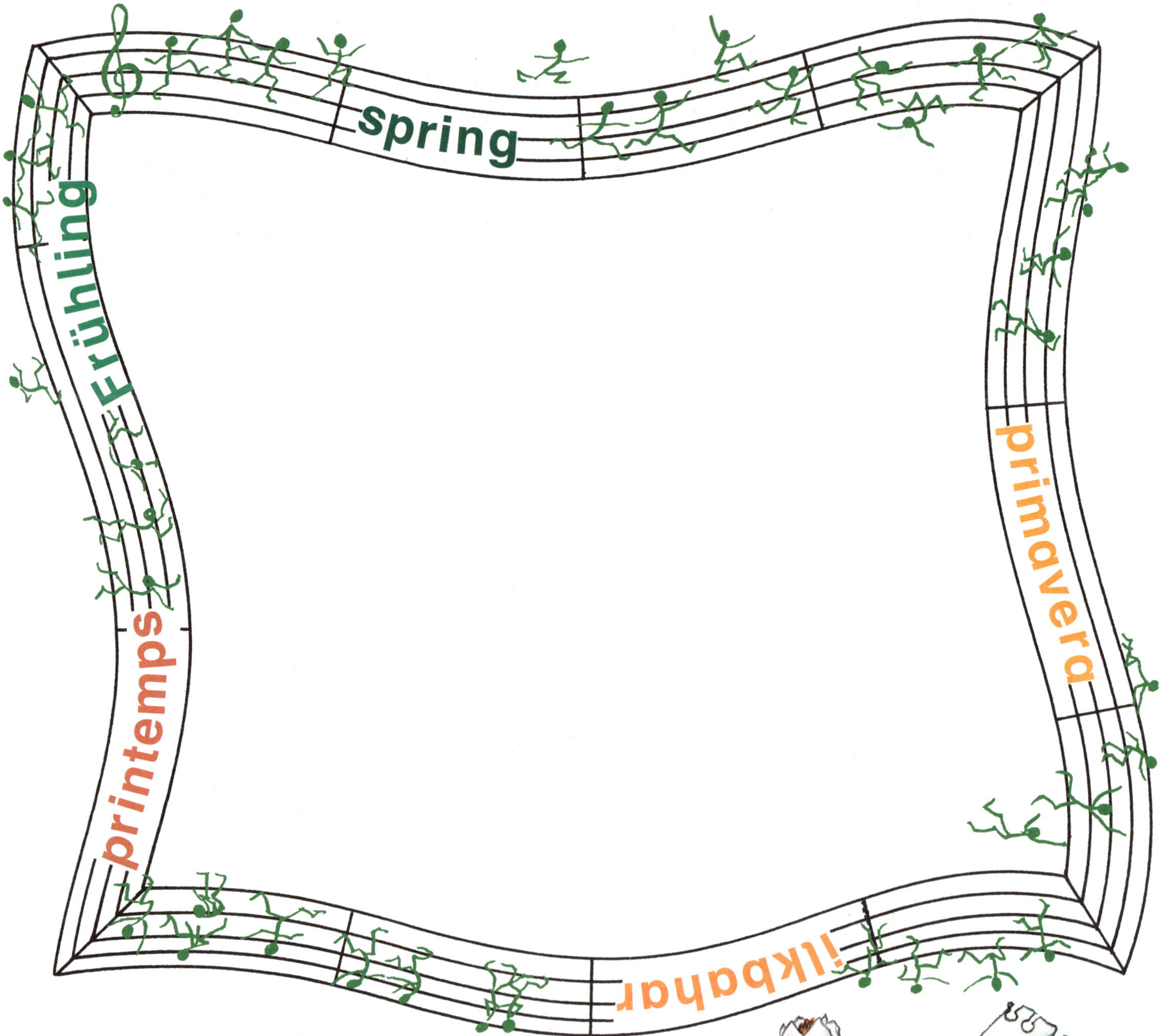

Male oder schreibe etwas zum Frühling.

Die Tulpe

Beschrifte die Teile der Tulpe:
◎ Blüte ◎ Zwiebel ◎ Blatt ◎ Stängel ◎ Wurzel.

Bastelidee für eine Tulpe aus Papier

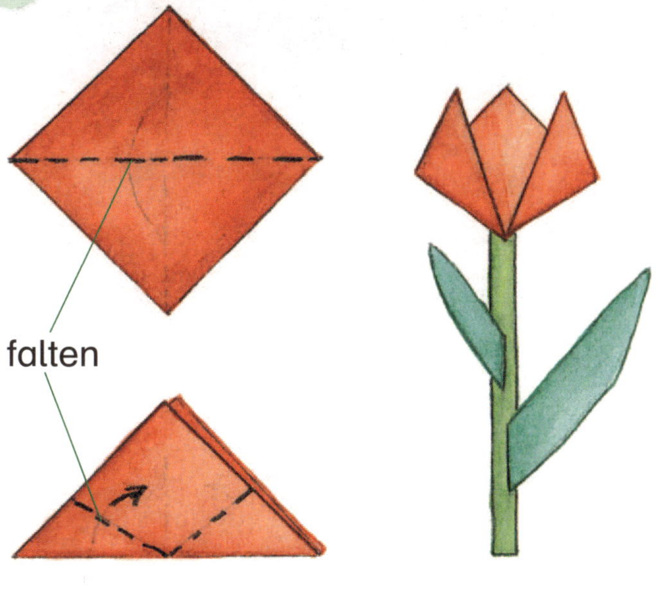

Der Frosch

Das Weibchen legt Eier
ins Wasser.
Das Männchen befruchtet sie.

Die Kaulquappe rudert mit
ihrem langen Schwanz
durch das Wasser.
Sie atmet durch ihre Kiemen.

Zuerst wachsen der Kaulquappe
die Hinterbeine.

Schneide die Bilder von Seite 47 aus und
klebe sie in der richtigen Reihenfolge auf.

Die Kaulquappe
hat nun alle vier Beine.
Sie atmet durch Lungen.

Sie schwimmt zum Uferrand
und geht an Land.

Der Schwanz verschwindet
immer mehr.
Aus der Kaulquappe ist
ein Frosch geworden.

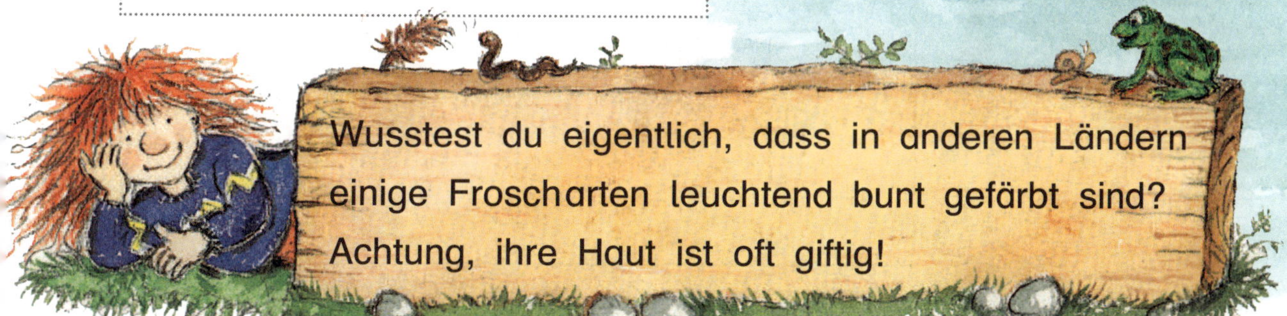

Wusstest du eigentlich, dass in anderen Ländern
einige Froscharten leuchtend bunt gefärbt sind?
Achtung, ihre Haut ist oft giftig!

Meine Feuerbohne

Das braucht deine Bohne zum Wachsen:

Male auf, wenn sich etwas an deiner Feuerbohne verändert hat.

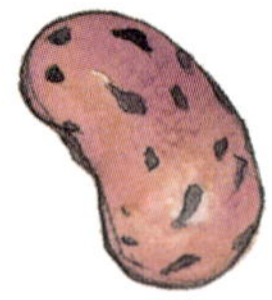

Kennst du diese Gartengeräte? Ergänze die fehlenden Buchstaben.

H_rk_

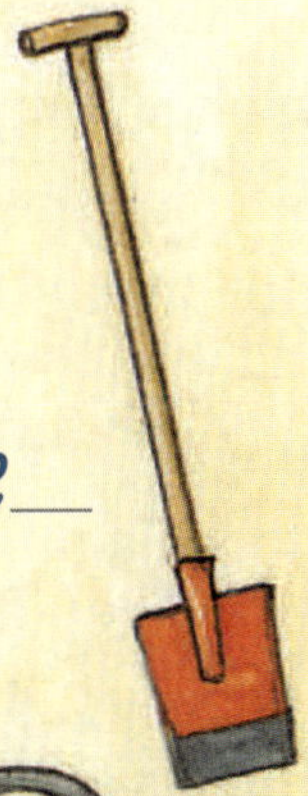

Sp_ _e_

ieß _nne

Ei_e_

Deutschland

Zeichne oder schreibe, was für dich zu Deutschland gehört.

Gibt es Kinder in deiner Klasse, deren Familie aus einem anderen Land stammt? Lass dir von dort erzählen.

Ein „italienischer Tag“

Der schiefe Turm von Pisa

Pisa ist eine Stadt in Italien.
Klebe den Turm auf.

Spaghetti mit Basilikum-Soße

Erkundige dich, wie das Essen zubereitet wird.

- Tomaten, gehackt
- Zwiebeln, gehackt
- Olivenöl
- Basilikum-Blätter
- Salz und Pfeffer
- Spaghetti

Buon appetito!

Hört italienische Musik zum Essen.

Nudelkette

Du brauchst:

- elastisches Band,
- Nudeln, die innen hohl sind

Länder in Europa

15 Länder bilden
die Europäische Union.

Im Jahr 2004
kommen neue
Länder dazu.

Male die Flaggen in den richtigen Farben an.

Wohnräume

Verbinde mit Linien.
Benutze verschiedene Farben.
Ergänze ein Beispiel.

Bienenstock

Käfig

Stall

Maulwurfsbau

Auf der Baustelle

Auf der Baustelle arbeiten viele Menschen, zum Beispiel:
Zimmermann · Architektin · Dachdecker · Maurer.

Ich habe aufgezeichnet, wie das Haus aussehen soll. Mit dem Plan überprüfe ich, ob es richtig gebaut wird.

Ich bin A______________.

Stein auf Stein, so baue ich die Wände.

Ich bin ______________.

Der Dachstuhl ist aus Holz. Ich habe ihn gezimmert.

Ich bin ______________.

Ich decke das Dach mit Ziegeln. So regnet es nicht ins Haus hinein.

Ich bin ______________.

Spiel einen der Berufe vor ohne dabei zu sprechen.

Wusstest du eigentlich, dass am Bau der großen Cheops-Pyramide in Ägypten ungefähr 30 000 Menschen gearbeitet haben?

Bauecke

Häuser, Brücken, Türme, täglich wird gebaut!
Heute bist du der Baumeister.

Schau dir die Bilder an und baue nach.

Auf diesem Bild siehst du das Brandenburger Tor in Berlin. Versuche es mit deinen Bausteinen nachzubauen.

Baue etwas, das dir gefällt.
Zeichne dein Bauwerk.

Wusstest du eigentlich, dass das Brandenburger Tor 20 Meter hoch und mehr als 65 Meter breit ist?

Rätsel rund um die Baustelle

Trage die Namen ein.

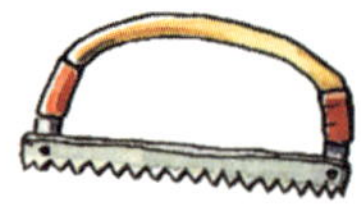

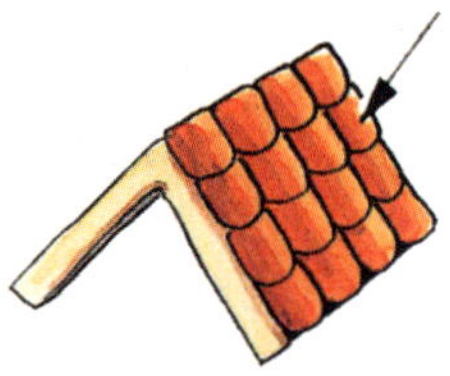

													1		
							G						Ä		
					2			C	H						
							B								
		3	S	P											
							L								
				4	M					E	R				
							T								
5					B										
							P								
				6											
							E								
	7				M										

Welche Wörter haben sich in den Ziegelsteinen versteckt?

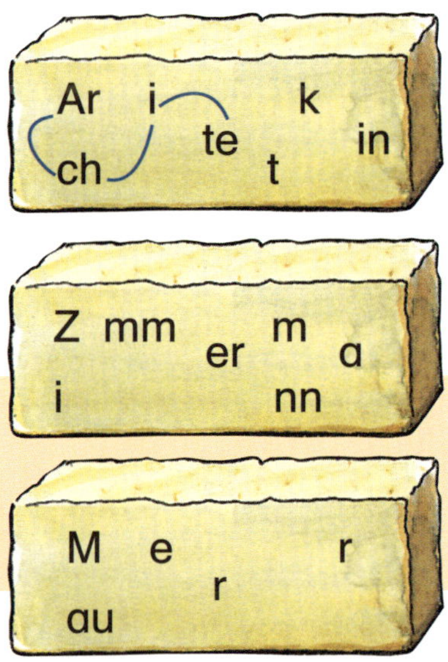

Wie viele Ziegel fehlen?

☐ Ziegel fehlen.

☐ Ziegel fehlen.

☐ Ziegel fehlen.

Löwenzahn-Spiel

Folgt dem Löwenzahn durch das Jahr.
Jeder darf dreimal würfeln. Ihr müsst zuerst eine Eins würfeln, dann eine Zwei, dann … Wer kommt zuerst bei der Sechs an?

Ein aufregender Tag

Ausschneideseite 1

Zu Seite 4:

Zu Seite 12/13:

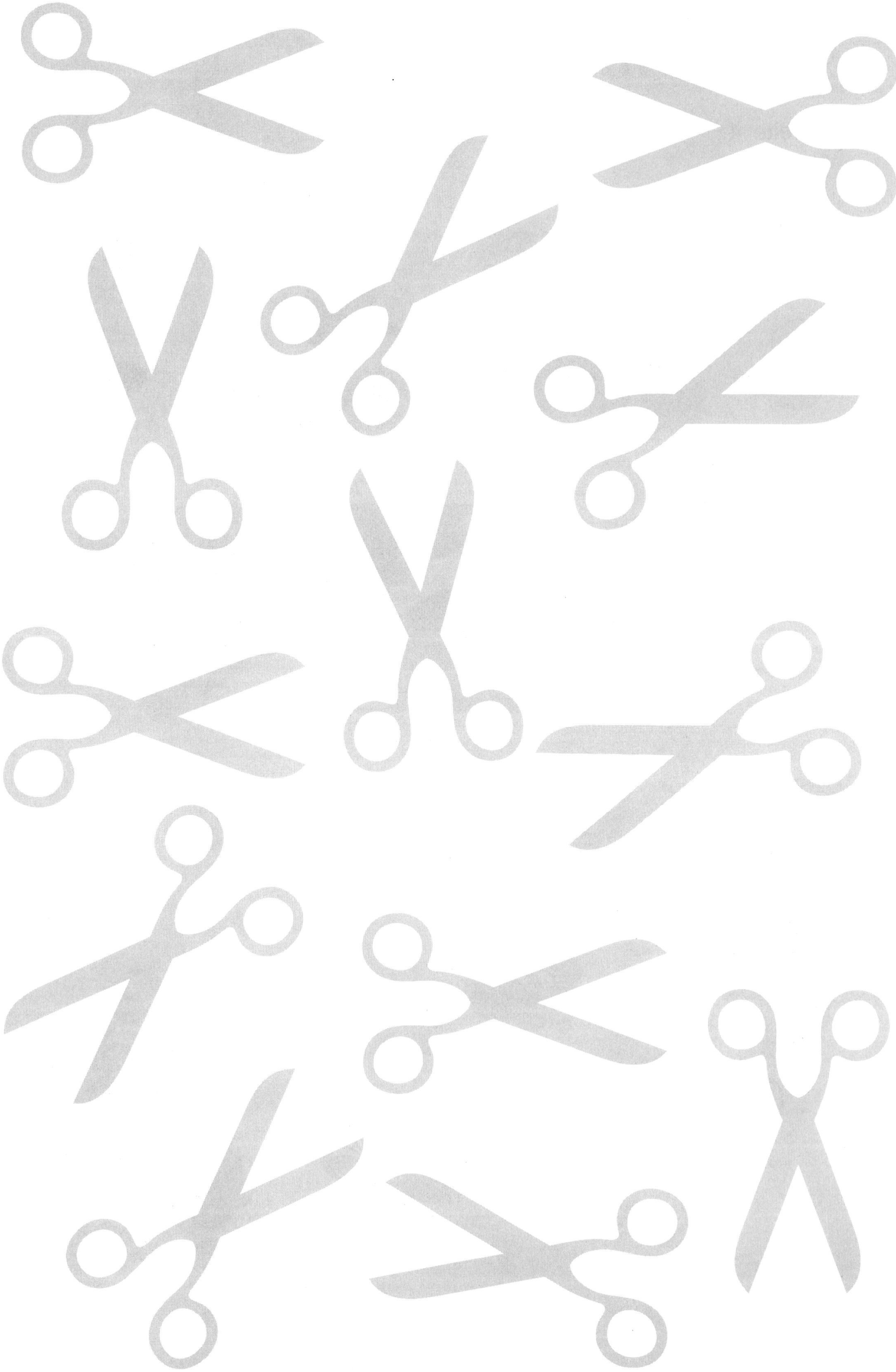

Ausschneideseite 2

Zu Seite 19:

Zu Seite 30/31: